Les Disparus de l'Éclipse

Le concours Plume en herbe 1999 a rassemblé
220 classes de CE1, CM1 et CM2.
Chaque classe a lu Sale temps pour les grenouilles *et imaginé*
une nouvelle aventure de Tom.
Le scénario des CM1 de l'école primaire de Jaux (60), plébiscité
par le jury, sert de trame à ce livre.

Le jury adresse ses félicitations à Fiona Bergeron,
Geoffroy Buher, Jean-Pascal Cardon, Michaël Chenevet,
Médéric Choque, Agathe Delannoy, Zéférino Dos Santos,
Alexandre Dupont, Aurélie Dupont, Nicolas Fontaine,
Olivia Goberville, Julia Guédon, Leljko Hulundzic,
Aurélie Lambin, Marie Le Beller, Baptiste Lévêque,
Céline Mabille, Solène Mannessiez, Valentine Picot,
Thibaud Quennesson, Romuald Resch, Thibaud Rouxel,
Gaëtane Vece, les élèves, et à Mme Gervaise Knoff,
leur professeur.

GILLES FRESSE

LES DISPARUS DE L'ÉCLIPSE

Raconté par l'auteur
d'après le scénario imaginé par les enfants de CM1
de l'école de Jaux

Illustrations de Jean-Louis Besson

NATHAN

PROLOGUE

JE DESCENDS de la voiture, juste devant l'arrêt de bus.

– Au revoir Tom !

– Salut p'pa ! Salut m'man ! À ce soir !

La Mercedes s'en va dans un nuage de fumée noire, emportant mes parents vers Espinasse, notre maison. Malgré mon excitation, j'ai un petit pincement au cœur en les regardant s'éloigner. Car aujourd'hui est un grand jour : c'est la rentrée. Et pas n'importe laquelle, la rentrée en sixième ! À Barjols en plus ! Ce qui signifie que je suis demi-pensionnaire à présent. Terminé papa et maman à midi ! J'espère qu'à la cantine, il n'y aura pas trop souvent des épinards, avec ou sans crème.

Je m'assois sur le banc, pas mécontent de poser par terre un cartable lourd comme un sac de plomb. La liste du matériel nécessaire pour la sixième, ce n'est pas du gâteau : deux longues feuilles imprimées recto verso ! On ne va pas rigoler...

Ce n'est pas la foule à l'arrêt de bus. Nous sommes quatre pour l'instant. L'aîné des Mérignac qui passe en troisième, les deux jumeaux Castagnède qui sont en quatrième et moi. Il faut dire que notre petit village de Rivesacq n'est pas un gros fournisseur d'élèves pour le collège de Barjols. L'année dernière, dans notre classe unique, nous n'étions que onze, comme dans une équipe de foot. Le onzième, c'était moi, le seul CM2. J'ai débarqué au troisième trimestre tout frais arrivé de la capitale avec un cafard aussi gros qu'une baleine. Mais aujourd'hui, je ne voudrais retourner à Paris pour rien au monde.

Tiens, voilà mon copain la Grenouille ! Il faisait partie du onze de l'an passé. Il est sur son trente et un, même si sa tignasse rousse est toujours aussi mal peignée. Il me serre la main. Pour lui c'est également la rentrée. Mais pas en sixième.

Le bus pointe le bout de son gros nez. Nous y prenons place côte à côte. La porte se referme dans un souffle bruyant et nous démarrons. Je me retourne et, par la vitre arrière, je vois les dernières maisons de Rivesacq qui s'éloignent doucement mais sûrement. Aussi sûrement que les vacances. Et quelles vacances ! Je m'en rappellerai toute ma vie...

Il s'était
déjà bagarré
deux jours
avec l'antenne.

LES VACANCES À RIVESACQ

1

C'ÉTAIT le milieu des vacances et papa était encore de mauvaise humeur. Facile à voir : il avait sa moustache des mauvais jours, recourbée aux extrémités en direction du front. Et tout ça pourquoi ? Je vous le donne en mille. Simplement parce que depuis plus d'une semaine, il s'escrimait à installer la télévision. Sans succès. Il s'était déjà bagarré deux jours avec l'antenne qui refusait de tenir sur le toit. Puis, quand les baguettes de ferraille avaient enfin été fixées à l'endroit prévu, il avait lutté comme un beau diable contre le fil qui relie l'antenne au téléviseur.

C'est là que ça s'est corsé car maman ne

voulait absolument pas que l'on voie le câble traverser toutes les pièces d'habitation. Papa a résolu le problème en faisant courir le fil dans le grenier. Il ne lui restait plus qu'à pratiquer un petit trou dans le plafond et à creuser une saignée dans le mur du salon. Il était déjà content que l'installation se termine mais malheureusement, dans notre bon vieux mas d'Espinasse, tout est très fragile. Trois coups de perceuse dans le plancher du grenier et une grosse moitié du plafond du salon s'est écroulée sur le poste de télévision qui attendait bien sagement qu'on s'occupe de lui juste en dessous. C'est à ce moment-là que sa moustache a pris une allure aussi bizarre. Maman a tenté de le consoler :

Trois coups de perceuse…

– Ce n'est pas grave, mon chéri. De toute façon, il aurait fallu restaurer ce plafond un jour ou l'autre !

Papa n'a pas répondu, se contentant d'ausculter son téléviseur enfoui sous les gravats. Maigre consolation : à présent, il y avait largement la place pour glisser le câble d'antenne ! Mais, trop énervé, il a laissé tout en plan et ils sont partis se balader dans la montagne avec maman, histoire de retrouver un peu de calme.

La Grenouille est arrivé à peine cinq minutes après leur départ.

Ici, chaque habitant a son surnom.

En réalité, la Grenouille s'appelle Daniel. Mais ici à Rivesacq, minuscule village de Haute-Provence accroché au flanc de la montagne, chaque habitant a son surnom. Le mien c'est « l'Amerloque » parce que je m'appelle Tom, un prénom à consonance américaine. Notre ancien instituteur, M. Cabrol, a été baptisé « l'Aéroport » par ses élèves à cause de son crâne chauve, superbe terrain

d'atterrissage pour les mouches et les autres insectes en tous genres. La Grenouille tient son sobriquet de sa passion pour la nature et les animaux qu'il dessine particulièrement bien. Surtout les grenouilles. En trois coups de crayon, il crée une merveille de batracien qui semble plus vrai que nature. L'année dernière, lorsque je suis arrivé à l'école de Rivesacq, il consacrait le plus clair de son temps en classe à l'illustration de ces petites bêtes. Mais s'il est très doué dans cette matière, en revanche question lecture, écriture et calcul, il n'est pas vraiment un champion. Mais alors vraiment pas du tout. Il sait à peine lire et compter. Quant à écrire... C'est un enfant « attardé ». Il a quatorze ans mais sa tête fonctionne comme celle d'un enfant de quatre ou cinq ans.

Cela ne nous a pas empêchés de devenir les meilleurs amis du monde. Je lui ai appris à rouler en vélo et il m'a fait découvrir Rivesacq et ses environs qu'il connaît aussi bien que le fond de ses poches.

Naturellement, à la fin des vacances, il lui serait impossible de me suivre en sixième au collège de Barjols, la ville voisine. Non, mais ce qui était chouette, c'était que nous prendrions le bus ensemble matin et soir car il avait été orienté vers l'IMPRO de Barjols, un établissement où les jeunes adolescents comme lui apprennent le métier d'horticulteur. Une grenouille, des fleurs, ce n'est pas magnifique, ça ?

Avec Daniel, nous avons évacué les restes de l'effondrement du plafond. Nous avons accompli cette besogne en

– Boum ! Boum la télé !

moins d'une demi-heure. Papa serait content. Nous avions terminé quand les choses ont failli se gâter. J'ai surpris la Grenouille, un seau rempli d'eau au-dessus du téléviseur, prêt à renverser ses trois litres d'eau sur le petit écran pour le débarrasser des traces de plâtre blanchâtres qui le décoraient. J'ai juste eu le temps de hurler :

– Non, Daniel ! Non !

Il m'a regardé d'un air incrédule. Sa tignasse rousse et mal peignée avait viré au gris sous l'effet de la poussière des gravats.

Je lui ai expliqué :

– Tu sais, l'eau et l'électricité ne sont pas très copines. Si tu verses ton seau, la télé pourrait exploser.

Ça l'a beaucoup fait rigoler :

– Boum ! Boum la télé !

Mais à mon grand soulagement, il a

reposé le seau à terre. Assez maladroitement d'ailleurs puisqu'une bonne moitié de son contenu s'est répandue sur le plancher. Il ne nous restait plus qu'à éponger !

Il était quatre heures et j'ai invité la Grenouille à un goûter bien mérité. Nous nous sommes attablés à la cuisine devant un bol de céréales trempées dans du lait. J'étais un peu ennuyé car j'avais une chose à lui confier et je ne savais pas comment il la prendrait. Cela faisait quelques jours que je voulais lui en parler mais j'avais reculé l'échéance au maximum. À présent, j'étais au pied du mur.

Nous nous sommes attablés.

– Daniel ?

Les commissures des lèvres pleines de lait, il a relevé sa tête du bol de céréales qu'il avalait à grands slurps.

– Tu sais, Daniel, mon copain William arrive de Paris après-demain. Il vient en vacances à Rivesacq pour une quinzaine de jours.

– Il est gentil, William ? a-t-il demandé d'un air vaguement inquiet.

– Très sympa, l'ai-je rassuré.

Il a semblé songeur quelques secondes avant de replonger la tête la première dans son bol.

– Alors chi ch'est ton copain, ch'est mon copain ! a-t-il assuré, la bouche pleine.

J'étais soulagé qu'il prenne les choses du bon côté car avec lui on ne sait jamais : il est si sauvage et imprévisible que je craignais sa réaction. J'ai continué :

– Nous allons partir en rando pendant deux jours mais à notre retour tu pourras jouer avec nous sans problème !

Il a sauté de joie en poussant un « Youpie » qui a failli faire descendre la moitié intacte du plafond du salon. Tout à son

bonheur, il n'a pas maîtrisé ses genoux qui ont violemment soulevé la table, renversant les restes de notre goûter sur la toile cirée. Penaud, il s'est sauvé de la maison tel un courant d'air. Comme si j'allais le disputer. Sacrée Grenouille !

J'ai débarrassé la table et nettoyé la nappe. Je rinçais les bols dans l'évier quand papa et maman sont revenus, rouges comme des coquelicots.

– Le soleil cogne encore dur aujourd'hui ! a affirmé papa dont la moustache avait repris un aspect à peu près normal.

– Nous avons aperçu Daniel qui filait à la vitesse de l'éclair sur son vélo, a continué maman. Il est passé par ici ?

– Oui. Il m'a donné un coup de main.

– Un coup de main pour quoi faire ? s'est inquiété papa, le sourcil froncé.

Je l'ai entraîné jusqu'au salon.

– Chapeau bas et merci tout plein, mon p'tit Tom ! s'est-il exclamé en poussant un sifflement admiratif.

– La Gren... Daniel m'a aidé, lui ai-je avoué.

Maman a enchaîné, changeant de conversation :

– Tu lui as dit pour William ?

– Oui. Il a pris ça très bien.

– Super ! a conclu papa.

Il a longuement regardé le fil qui pendait lamentablement du plafond et m'a demandé :

– Bon alors, on l'installe cette télé ?

Il nous a fallu un bon quart d'heure pour effectuer les derniers branchements. J'ai appuyé sur le bouton de mise en marche et le visage souriant de Sandra Géfroy, la présentatrice de l'émission météo *TV Soleil*, est apparu sur l'écran, devant une carte de France, le doigt pointé sur notre belle région où se dessinait un soleil plus grand que le vrai.

« Demain et toute la semaine prochaine, vous retrouverez Bernard Gillet-Pétrot car je me rends à Rivesacq où j'ai choisi de filmer un reportage sur l'éclipse exceptionnelle du 11 août. À bientôt pour *TV Soleil* ! »

Je n'en revenais pas ! Sandra Géfroy allait débarquer à Rivesacq ! Ça alors ! Quel scoop !

– Ne t'en
fais pas, Tom.
On y sera,
on y sera.

WILLIAM 2

LA VIEILLE Mercedes décapotable de papa ronronnait tranquillement sur la route en lacet qui descend vers Barjols. Maman avait pris place à côté de lui tandis que je trépignais comme un beau diable à l'arrière :

– Dépêche-toi, p'pa ! On va être en retard. Le train de William arrive à 16h 48. Il est déjà moins vingt.

– Ne t'en fais pas, Tom. On y sera, on y sera.

Tu parles ! Je n'en croyais pas un mot. Si encore son antiquité à quatre roues était capable de franchir le soixante kilomètres/heure, j'aurais eu un maigre espoir. C'est comme ça avec papa, je

La Mercedes est aussi têtue qu'une mule.

devrais pourtant le savoir : il est toujours en retard ! Je me demande comment il se débrouillait quand il était encore dans sa banque à Paris, avant sa décision de s'octroyer une année sabbatique – il disait année sympathique – pour restaurer notre vieux mas d'Espinasse. Il avait dû rater un bon nombre de rendez-vous !

Pourtant, nous étions dans les temps en quittant la ferme. Le hic, c'est que la Mercedes est aussi têtue qu'une mule et qu'elle avait refusé de démarrer. Papa et moi, on avait été obligés de la pousser sur plus de deux cents mètres et sous un soleil de plomb tandis que maman avait la meilleure place au volant.

Papa s'est garé doucement. L'horloge de la gare indiquait 17 h 02. J'ai sauté presque en marche, abandonnant mes parents, et j'ai traversé le hall à la vitesse de la lumière. J'étais impatient de revoir William, depuis le temps que j'attendais ce moment-là.

J'étais impatient de revoir William.

Oui, c'était bien lui là-bas sur le bord du quai avec son tee-shirt trop grand et son bermuda qui descendait en dessous des genoux. Mais il n'était pas seul, il semblait en grande discussion avec une femme que je ne connaissais pas. Il m'a vu :

– Tom ! a-t-il braillé à pleins poumons.

Nous nous sommes serré la main chaleureusement. Il n'avait pas changé d'un poil, toujours le même regard malin, les mêmes cheveux noirs et courts, avec cette éternelle mèche plus longue qui pointait droit devant comme l'aiguille d'une boussole.

Papa et maman sont enfin arrivés. Papa a essayé de bredouiller des excuses :

– Excuse-nous, Willy – il l'appelle comme ça – mais la Mercedes nous a causé quelques ennuis et...

– C'est rien, l'a rassuré William. Mais j'oubliais...

Il s'est tourné vers la jeune femme qui s'était maintenue à l'écart durant nos retrouvailles :

– Je vous présente Sandra Géfroy, la vedette de *TV Soleil* ! a-t-il déclamé, fier comme Artaban. Nous nous sommes rencontrés dans le train. Sandra, voici Tom, sa mère et son père.

Papa a ouvert une bouche de souffleur de bulles de savon tandis que l'émission de l'avant-veille me revenait en mémoire. Tout à mon excitation de retrouver William, j'avais totalement oublié que Sandra Géfroy devait arriver à Rivesacq aujourd'hui. Je ne m'attendais pas à la

– Je vous présente Sandra Géfroy, la vedette de TV Soleil.

rencontrer sur un quai de gare. Je l'imaginais plutôt débarquant au pays en compagnie d'une multitude de cameramen, dans une énorme voiture américaine, longue comme le *Titanic* avant qu'il ne se casse en deux.

Maman s'est avancée et lui a tendu la main :

– Enchantée, Sandra.

– Moi de même, lui a-t-elle répondu d'une voix énergique.

– Ben ça alors, a bafouillé lamentablement papa. Si je...

Sandra lui a adressé un joli sourire et a expliqué :

– Comme vous l'a dit William, nous avons voyagé ensemble et j'ai décidé de lui tenir compagnie le temps que vous arriviez.

Papa a recommencé :

– C'est la Mercedes qui...

Maman l'a coupé dans son élan :

– Laisse donc ta Mercedes tranquille et invitons plutôt tout ce joli monde à une terrasse de café. Je meurs de soif. Pas vous ? a-t-elle demandé à Sandra.

– Volontiers ! a-t-elle accepté en juchant sur ses épaules un sac à dos aussi gros qu'une montgolfière gonflée à bloc.

Je me suis emparé d'un des sacs de William tandis que papa prenait l'autre. Nous nous sommes installés tous les cinq à la terrasse du « Café de la Gare ». Sandra était assise juste en face de moi. Elle était vraiment jolie et complètement différente de l'image qu'elle donnait à la télévision. Elle était décontractée dans son pantalon d'escalade aux milliers de poches et son blouson léger que barrait la courroie d'un appareil photo en bandoulière. Une superbe montre chronomètre de plongée enserrait son poignet gauche. Encadré par de courts cheveux blonds et raides, son visage gracieux paraissait déborder d'énergie. Elle avait l'air sympa.

Maman a entamé la conversation :

– Combien de temps allez-vous rester à Rivesacq ?

– Une petite dizaine de jours. Le temps de mon reportage sur l'éclipse du 11 août.

Je n'ai pas pu m'empêcher d'intervenir :

– C'est bizarre de venir filmer l'éclipse à Rivesacq. Elle ne sera que partielle ici. Vous auriez dû remonter dans la bande de totalité, plus au nord de la France.

Ses pupilles se sont soudainement enflammées :

– Justement, Tom. Justement. J'ai choisi délibérément un angle original pour mon reportage. Tous les autres journalistes se

– Combien de temps allez-vous rester à Rivesacq ?

ruent là où l'éclipse sera totale. D'ailleurs les hôtels affichent déjà complet depuis un moment.

Elle s'est interrompue une seconde avant d'ajouter sur un ton assez glacial :

– Et moi, je ne fais jamais comme les autres.

Drôle de fille... Au fond, elle n'était peut-être pas si sympa que ça.

Maman a attaqué de nouveau, pied au plancher :

Drôle de fille…

– À propos d'hôtel, vous avez trouvé où loger pendant votre séjour chez nous ?

– Oui, oui. Un gîte rural, en plein centre de Rivesacq, juste au-dessus de l'épicerie du village.

Je me suis exclamé :

– C'est chez « Barbichette », l'épicière !

– Barbichette ? s'est étonné William. Bizarre comme nom !

Je lui ai évité de mourir de curiosité en lui confiant :

– Ce n'est pas son nom. On appelle l'épicière comme ça parce qu'elle a de la barbe. De grands poils tout blancs qui pendent à son menton.

– Elle est plus poilue que les soldats de la Grande Guerre, a rajouté papa.

Nous avons ri de bon cœur tandis que Sandra s'est contentée de murmurer :

– Intéressant ça. Très intéressant.

– Une chose est sûre, a continué maman, vous ne manquerez pas de place !

Nous avons ri de bon cœur.

– Tant mieux. L'équipe de tournage doit me rejoindre dans quelques jours. Je suis seule pour l'instant, pour les repérages.

J'ai demandé :

– Qu'est-ce que c'est, les repérages ?

William, qui ne manquait jamais une occasion d'étaler sa science au grand

jour, a éclairé ma lanterne avec son accent de Parisien :

– Sandra m'a tout expliqué, a-t-il gouaillé comme s'il était un reporter chevronné. Un reportage, ce n'est pas de l'improvisation mais beaucoup de travail à accomplir avant que les équipes de tournage se mettent à filmer. Il faut examiner les lieux, dénicher des personnes à interroger... C'est ça les repérages, mon p'tit père !

Décidément, il n'avait pas changé. J'adorais William mais il y avait une chose chez lui que je détestais par-dessus tout : lorsqu'il prenait ses airs supérieurs de « m'as-tu vu ». Par exemple quand il m'appelait son p'tit père ! Remarque que cela me changeait des « Bonne mère ! » que les gens utilisent à toutes les sauces par ici.

J'achevais ma citronnade quand papa a gentiment proposé à Sandra :

– Nous vous amenons à Rivesacq ou vous préférez un taxi ?

Sandra a accepté son offre et nous nous sommes tous retrouvés confortablement en train de rôtir sur les sièges de cuir noir de la Mercedes. Papa a actionné plusieurs fois le démarreur mais le moteur a obstinément refusé de démarrer. Au bout de quelques tentatives infructueuses, papa a avoué piteusement :

– Heu... Je crois qu'il va falloir la pousser.

Sandra n'a pas arrêté de mitrailler le paysage.

LA JOURNALISTE 3

DURANT tout le trajet, Sandra n'a pas arrêté de mitrailler le paysage avec son appareil photographique. Elle a usé au moins trois pellicules qu'elle sortait l'une après l'autre des poches de son pantalon d'escalade. Ce n'était pas un vêtement, c'était une vraie caverne d'Ali Baba ! Elle n'a pas desserré les dents, concentrée sur les collines de calcaire blanches et sur les buissons épineux qui bordent la route. Je me demandais bien ce qu'elle y trouvait de si extraordinaire. Le clou du spectacle a été la rencontre avec Barbichette : elle ne l'a pas mitraillée mais bombardée tandis que William lorgnait avec insistance sur les longs poils blancs de son menton.

J'ai proposé :

– Sandra, si vous voulez rencontrer des gens de Rivesacq, je peux vous présenter à M. Cabrol et à Daniel.

– C'est une très bonne idée ! m'a approuvé maman.

– C'est une très bonne idée !

– Qui est-ce ? a demandé Sandra.

– M. Cabrol est instituteur à Rivesacq depuis une éternité. Il connaît tous les gens du village. Daniel, qu'on appelle aussi la Grenouille, est un garçon qui connaît les environs de Rivesacq mieux que personne. Il pourra vous être utile pour vos repérages.

Elle a murmuré à nouveau du ton d'un médecin auscultant un patient :

– Intéressant ça ! Très intéressant.

Nous l'avons abandonnée à l'épicière qui lui a gentiment proposé :

– Vous boirez bien un petit pastis ?

En arrivant à Espinasse, une surprise

nous attendait : la Grenouille. Il n'a pas laissé à William le temps de descendre de voiture. Il s'est rué sur lui en lui broyant la main entre les siennes :

– William est le copain de la Grenouille, hein ? William est mon copain ?

Et il est parti sans attendre de réponse. William s'est tâté la main pour vérifier que toutes ses phalanges étaient encore à leur place et il a tourné son doigt sur sa tempe d'un geste significatif :

– Il est givré, ma parole !

– C'est ton pote ? Il est complètement givré, ma parole !

J'étais un peu contrarié par sa réflexion mais je ne le lui ai pas dit, me contentant d'expliquer :

– Il n'est pas givré. Il est juste différent des autres. Quand tu le connaîtras mieux, tu t'apercevras que c'est quelqu'un de très bien.

Ensuite nous avons installé William. Il dormait dans un lit juste à côté du mien. Après le repas où maman avait mis les petits plats dans les grands, nous sommes remontés dans ma chambre. Enfin seuls ! Je lui ai immédiatement demandé :

– Allez, William, parle-moi des copains et de l'école Jean-Moulin.

Il ne s'est pas fait prier et les dernières nouvelles me sont tombées dessus comme une averse de printemps. J'ai eu droit à tous les détails : du dernier skate de Julien Brisac à la guitare électrique d'Olivier Leduc en passant par le nouveau Pentium 400 que son père avait acquis pour trois fois rien. L'affaire du siècle, paraît-il.

Nous avons discuté et rigolé jusqu'à plus de minuit. C'est un vrai pitre et il connaît des tonnes d'histoires drôles.

Nous avons fréquenté les mêmes classes depuis le CP et il a toujours joué le rôle de clown de service, ce qui lui a valu la plus belle collection de punitions de tout Jean-Moulin, mon ancienne école de Paris. Si maman n'était pas passée pour nous prier de dormir, nous bavarderions encore. J'ai eu un mal fou à trouver le sommeil. J'étais excité comme un régiment de puces et les images de mon passé de petit Parisien m'ont empêché de passer une bonne nuit.

Le lendemain, je n'étais pas au meilleur de ma forme pour accompagner Sandra chez M. Cabrol. Il habite au-dessus de l'école mais nous avons eu beau nous escrimer sur sa sonnette et lancer des « Monsieur Cabrol ! » retentissants, il ne répondait pas. Nous nous apprêtions à rebrousser chemin quand j'ai aperçu la

Grenouille escaladant la légère montée qui mène au portail de la cour de récréation. Je l'ai appelé :

– Daniel ! Daniel !

Il nous a rejoints et s'est adressé directement à William en lui répétant :

– William est mon copain.

Ce dernier, pas vraiment ravi de l'amitié envahissante que lui portait la Grenouille, lui a jeté un sourire obligé en le rabrouant :

– Oui, oui. Ça va, ça va !

Quant à moi, j'en ai profité pour faire les présentations :

– Sandra, voici Daniel, dit la Grenouille. Daniel, voici Sandra Géfroy.

La Grenouille est parti dans un rire franc et massif :

– J'ai froid ! Hi, hi, hi ! J'ai froid !

J'ai ri aussi, réalisant que c'était le comble d'une présentatrice météo que de s'appeler Géfroy. Dans le midi de la France et par cette chaleur en plus !

William, d'habitude si gourmand de jeux de mots, n'a pas eu l'air de goûter la plaisanterie. Sandra s'est contentée de fixer la Grenouille avec des yeux ronds :

– Intéressant ça ! Très intéressant.

Elle m'énervait un peu. Ce devait être son côté reporter. J'avais la vague impression que pour elle le monde était partagé en deux catégories différentes : ce qui était intéressant et ce qui ne l'était pas. Et j'étais pratiquement sûr qu'elle regardait Daniel comme une bête curieuse, qu'elle pourrait utiliser dans son reportage. Je me demandais si elle se fichait de la Grenouille comme de sa première chemise. Peut-être ne se préoccupait-elle que de son image d'enfant attardé qui pourrait attendrir ses futurs téléspectateurs ?

– Il est au jardin. Je l'ai vu.

J'ai interrogé Daniel :

– Tu sais où est M. Cabrol ?

Il n'a pas eu une seconde d'hésitation :

– Il est au jardin. Je l'ai vu.

Nous nous sommes dirigés tous les quatre vers le potager de mon instituteur préféré. Il était là, entre ses courgettes et ses potirons, les deux genoux à terre, en train de déraciner les mauvaises herbes. Il avait conservé son éternelle blouse grise et un chapeau de paille protégeait son « terrain d'atterrissage » des rayons du soleil. Sandra s'est approchée de lui, la main tendue :

– Sandra Géfroy de *TV Soleil*. Je suis à Rivesacq pour un reportage sur l'éclipse.

M. Cabrol lui a offert son avant-bras car ses mains n'étaient pas présentables.

– Je le sais déjà, bonne mère, que vous êtes Sandra Géfroy et que vous êtes là pour l'éclipse. Ici à Rivesacq, les nouvelles vont plus vite que la lumière du soleil. Et pourtant, il est beau notre soleil, hein ?

Sandra a paru un peu décontenancée. M. Cabrol a enchaîné :

– Si je peux vous être utile...

– Si je peux vous être utile…

– Tom m'a dit que vous connaissiez bien les gens d'ici. Alors si vous pouviez me présenter quelques habitants intéressants...

– Intéressants ? l'a coupée M. Cabrol. Mais tout le monde est intéressant.

Il a rajouté d'un air un peu moqueur :

– Peuchère, ça va être long si je dois vous présenter tout le monde !

– Je voulais dire intéressant pour passer à la télévision, a précisé Sandra.

– J'avais bien compris. Repassez à l'école demain matin vers neuf heures. Je vous emmènerai faire un tour du village.

– D'accord, a accepté Sandra. Alors à demain.

– Vous pouvez aussi venir ce soir sur la place aux platanes, il y a un tournoi de pétanque. Vous verrez du monde.

Nous avons pris congé de M. Cabrol et nous nous sommes séparés à la sortie du potager. La Grenouille a disparu comme à son habitude et Sandra nous a quittés pour une balade en solitaire. Elle n'avait pas accompli dix mètres dans la rue que j'ai aperçu Guignard qui lui emboîtait le pas. J'ai expliqué à William :

– Tu vois ce garçon au long nez pointu qui suit Sandra ? C'est Guignard, ou la Hache, comme tu veux. Je me demande bien ce qu'il lui veut...

– Ben... Sûrement discuter avec elle. Ou alors un autographe !

– Ouais... Je ne suis pas convaincu. La

J'ai aperçu Guignard qui lui emboîtait le pas.

Hache a toujours un coup tordu derrière la tête. Il y a quelque temps, il a été la source d'ennuis très graves pour la Grenouille. Alors, tu comprends, je m'en méfie un peu.

– Laisse tomber, mon p'tit père. Sandra est assez grande pour se défendre toute seule. Et puis ce n'est pas parce qu'il s'est mal comporté une fois qu'il faut le soupçonner sans arrêt.

– Vous êtes sûrs que vous avez tout ?

– Tu as raison. Si on remontait à Espinasse ? On a encore du matériel à préparer pour notre randonnée !

De retour au mas, nous avons étalé l'ensemble du matériel sur la table de la cuisine. Maman a demandé, une pointe d'inquiétude dans la voix :

– Vous êtes bien sûrs que vous avez tout ?

J'ai refait l'inventaire : provisions pour deux jours, lampe de poche, jumelles, tente igloo et sac de couchage, vêtement de pluie au cas où, carte topographique, et j'oublie le plus important : un téléphone portable.

Avant l'arrivée de William, lorsque j'avais informé mes parents que je désirais emmener mon copain parisien en randonnée pour trois jours, les réactions avaient été on ne peut plus divergentes. Papa était enchanté :

– C'est une super idée, Tom ! m'avait-il approuvé.

– C'est une super idée, Tom !

– Pas question ! avait affirmé maman. Pas question que vous partiez trois jours seuls dans la montagne !

La discussion avait été âpre et il avait fallu parlementer. Au bout de longs pourparlers, j'avais obtenu la permission de m'éloigner deux journées à condition que nous emportions avec nous un portable. J'avais accepté, c'était mieux que rien.

Après le repas du soir, nous sommes redescendus à Rivesacq, sur la place aux platanes. C'est l'endroit où les Rivesacquais jouent à la pétanque depuis l'invention du jeu de boules. Pas question d'entamer une partie sérieuse ailleurs.

Sandra, l'appareil photo prêt à la mitraille, et M. Cabrol étaient déjà là, assis côte à côte sur un banc de bois. La Grenouille s'est précipité vers William et lui a assené sur l'épaule une tape amicale à assommer un mammouth. Guignard, qui ne manquait un tournoi pour rien au monde, était là lui aussi. Il nous a tout de suite rejoints :

– Hé ! Tom, tu as ramené ton copain ? On joue ensemble tous les trois ?

Moi, à la pétanque je ne suis pas vraiment un champion. Je m'apprêtais à refuser poliment sa proposition mais William ne m'en a pas laissé le temps :

– D'accord !

Nous avons passé le premier tour, vainqueurs de justesse par 13 à 11, grâce à Guignard qui avait joué comme un dieu, plaçant ses boules au plus près du cochonnet. William ne se débrouillait pas trop mal pour un Parisien. Il suivait les indications de la Hache avec une grande concentration. Nous n'avons rien pu faire dans le deuxième match qui nous opposait à la meilleure triplette du village. Et malgré les encouragements de la Grenouille, sans cesse collé aux basques de William, nous avons essuyé une sévère déculottée : 13 à 1. Une boule de Guignard avait résisté par miracle aux tirs de nos adversaires. Il était fier de ce point

comme s'il avait remporté la victoire.

Pour nous consoler de cette cuisante défaite, Sandra nous a offert une tournée de diabolo menthe. La Grenouille ne quittait pas William d'un pouce et mon ami parisien commençait à montrer des signes d'agacement. Tandis que Daniel savourait bruyamment son liquide vert à bulles, il m'a murmuré discrètement à l'oreille :

– Tu ne pourrais pas demander à ton pote de me lâcher un peu les baskets ?

J'ai souri :

– Il t'aime bien, voilà tout. Tu devrais être content. Tu as de la chance, d'habitude il est beaucoup plus sauvage avec les étrangers. Toi, il t'a adopté tout de suite. Tu lui plais, c'est évident.

William a marmonné entre ses dents des paroles que je n'ai pas entendues car Guignard a demandé à Sandra :

– Alors, vous savez déjà qui vous allez filmer ?

– Non. J'ai encore besoin de rencontrer d'autres gens des environs.

– Je peux vous en présenter, si vous voulez ! a-t-il proposé.

– C'est gentil mais M. Cabrol doit le faire demain.

Visiblement désolé, Guignard a ravalé sa déception. Sandra s'est adressée à la Grenouille :

– Et toi, Daniel, tu ne joues pas à la pétanque ?

La Grenouille a remué sa tête de gauche à droite plusieurs fois avant de s'éloigner comme un animal en fuite. Sandra m'a demandé :

– Qu'est-ce qui lui prend ? J'ai dit quelque chose de mal ?

– Non, non... Ne vous en faites pas. Il

est comme ça, capable de se volatiliser en une seconde pour une raison connue de lui seul.

– Intéressant ça. Très intéressant.

Elle s'est levée :

– Bon allez, j'ai eu une rude journée et je dois encore rassembler mes notes. Je vais rentrer chez ma chère Barbichette ! a-t-elle annoncé le sourire au coin des lèvres. À demain.

– Non, pas demain, ai-je rectifié. Demain, William et moi, nous partons en bivouac dans la montagne pour deux jours.

– C'est chouette ! Vous avez de la chance.

Elle a ôté sa super montre chrono de plongée et l'a tendue à William :

– Tiens, je te la prête. C'est une vraie montre de randonneur.

William était ravi. Drôle de femme que

Sandra, tantôt froide et calculatrice, tantôt souriante et gentille.

Elle s'est éloignée dans un au revoir avec la main. Guignard a trépigné sur place quelques secondes, puis, lui emboîtant le pas, il a lancé :

– Je vous accompagne !

Apparemment, il faisait le forcing pour figurer sur un bout de pellicule !

William n'arrêtait pas de me seriner l'heure.

LE GRAND DÉPART 4

NOUS GRAVISSIONS le sentier des Baumes. Déjà trois heures que nous marchions. Nous nous étions juste accordé une pause casse-croûte saucisson-fromage à 10 h 03.

Si je suis si précis, c'est parce que William n'arrêtait pas de me seriner l'heure. Il arborait la montre de Sandra avec une fierté sans pareille, la regardant plus que les paysages de toute beauté qui nous entouraient.

Nous sommes arrivés au sommet du col des Baumes. Un joli petit lac aux eaux bleues s'étalait entre les roches jaunâtres et les buissons épineux. William n'a pas hésité un quart de seconde, il a retiré son short et son tee-shirt et a plongé la tête la première dans l'eau. J'ai eu beau lui crier :

– Non !

– Allez, viens, Tom !

Il était déjà trempé jusqu'aux oreilles.

– Allez, viens, Tom ! m'a-t-il invité. Elle est bonne !

– T'es fou, William ! Tu es en sueur et tu rentres dans l'eau d'un coup. Tu risques l'hydrocution.

– Gna gna gni, gna gna gna ! On croirait entendre ma mère...

Je n'ai pas insisté mais quand même, ce n'était pas très prudent.

Après la baignade, nous avons avalé deux boîtes de sardines à la tomate et quelques fruits. Rien de tel que l'eau pour vous creuser l'appétit. Je lavais les couverts quand un bruit bizarre suivi d'un éclat de rire m'a fait sursauter. Je me suis retourné pour voir William, les deux mains en l'air brandissant une grosse pierre et la jetant dans le vide. J'ai foncé.

– Arrête !

Trop tard ! Le caillou était parti, dévalant la pente comme un bolide, sautant au-dessus des épines et franchissant les ravinements à grands bonds.

Trop tard ! Le caillou était parti.

– T'es complètement cinglé, William ! Imagine qu'il y ait des gens en dessous ! Et puis ici, le calcaire n'est pas très solide, tu pourrais provoquer un éboulement !

– Oh ! ça va, hein ! T'es pas rigolo, Tom !

C'est à ce moment que j'ai commencé à regretter d'être parti avec lui. Pour un peu, j'aurais presque eu envie de faire demi-tour. Mais il m'attendait déjà, son sac sur le dos :

– T'as raison, mon p'tit père. Je ne le ferai plus. Allez viens !

C'était reparti pour un tour !

Maman venait juste de nous appeler sur le portable : RAS. La nuit tombait doucement. En regardant le ciel noir, on apercevait déjà la Grande Ourse. William, indifférent au charme des étoiles, tripotait la montre de Sandra. Je lui ai expliqué en pointant mon doigt :

– Tu vois cette espèce de casserole, là, juste au-dessus de nous. C'est la Grande Ourse. Tu l'aperçois ?

– Ouais...

– Tu prends le rebord de la casserole et tu le reportes cinq fois. Tu tombes sur une étoile. Tu y es ?

– Ouais, je crois.

– Eh bien cette étoile, c'est la Polaire.

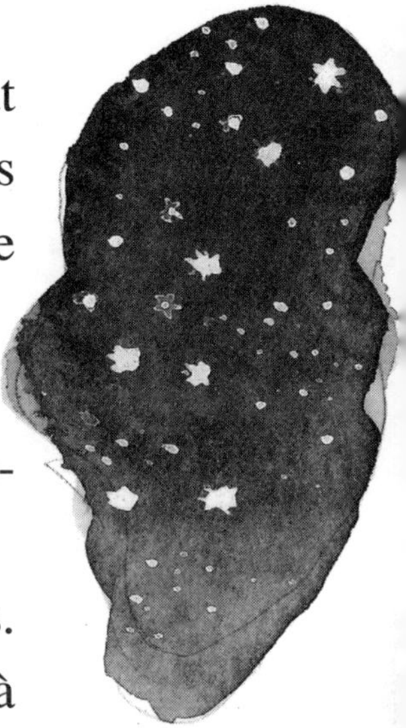

Elle indique le nord. C'est aussi le début de la queue d'une autre casserole, plus petite celle-là. Elle s'appelle la Petite Ourse.

William a sifflé d'admiration :

– Wouah, t'es une vraie bête en astronomie !

– C'est M. Cabrol qui m'a tout appris. Il est passionné par tout ce qui touche à l'Univers. D'ailleurs, le 11 août, il commentera l'éclipse sur la place du village. Ce sera génial, tu verras.

– Tu sais, moi, les éclipses...

Je me suis éloigné un peu du campement à cause d'une envie de pipi urgente. J'ignorais si j'avais changé ou si William n'était plus le même qu'à Paris, mais il me semblait bien loin le temps où nous nous entendions comme deux frères jumeaux. Il me paraissait être un étranger à présent. Bah, je me faisais sûrement des idées. Je devais lui laisser le temps de s'acclimater à la Provence.

Mais non, impossible ! Je rêvais ! Cet inconscient était en train d'allumer du feu. J'ai couru et j'ai sauté à pieds joints sur les flammes naissantes. J'ai saisi une gourde qui traînait à portée de main et j'ai balancé le contenu sur le début de foyer.

Cette fois, c'en était trop. J'ai hurlé :

– File-moi tes allumettes, imbécile ! Tu te rends compte de ce que tu viens de faire ? Ici le feu, c'est l'ennemi public numéro un. Quand il est parti, on ne l'arrête plus ! T'as pas entendu ce que les parents nous ont dit avant de partir : pas de feu ! Pourquoi crois-tu qu'on a emporté uniquement des provisions à manger froid ? T'es complètement cinglé, ma parole !

– Si on peut plus s'amuser...

– S'amuser ? S'amuser avec du feu dans le maquis ? T'es trop nul, William ! Je ne ferai pas un kilomètre de plus avec toi. Demain, on rentre et c'est tout !

Il m'a regardé d'un air mauvais et m'a jeté sa boîte d'allumettes à la figure. Il est rentré dans la tente sans un mot et a descendu la fermeture Éclair comme s'il claquait une porte. Je n'avais aucune envie de le rejoindre, j'ai préféré dormir à la belle étoile.

J'avais dormi comme une enclume.

PERDUS DE VUE 5

LA LUMIÈRE d'un soleil déjà haut dans le ciel m'a réveillé en silence. J'ai ouvert un œil puis les deux en m'étirant dans mon sac de couchage. J'avais dormi comme une enclume. Je me sentais bien mais notre dispute d'hier soir m'est subitement revenue en mémoire. William devait encore dormir car je n'entendais rien du côté de la tente.

Je me suis levé pour me diriger vers le mince filet d'eau qui m'avait tendrement bercé pendant toute la nuit. Je me suis aspergé le visage d'eau fraîche que je cueillais des deux mains. Ouah ! Elle était glaciale et aurait réveillé un mourant ! Rien de tel pour commencer la journée.

Ma montre indiquait 8 h 27.

J'aurais volontiers pris mon petit déjeuner mais les mini paquets de céréales et le lait concentré se trouvaient dans mon sac à dos qui était resté à l'intérieur de la tente. Ma montre indiquait 8 h 27. J'ai décidé de patienter et de laisser un peu de temps à William. S'il ne sortait pas des bras de Morphée d'ici 9 heures, je sonnerais le réveil.

Peut-être serait-il dans de meilleures dispositions aujourd'hui ? Hier soir, je l'avais menacé de faire demi-tour mais en cherchant le sommeil, je m'étais rendu compte que c'était impossible. Papa et maman devaient nous reprendre ce soir à la chapelle de la Vierge à l'entrée du village de Tavernes. Bien sûr, je pouvais leur téléphoner et leur dire que nous rentrions mais il m'aurait fallu expliquer le pourquoi de cette rentrée prématurée et ça, je n'en avais pas la moindre envie. Et puis, comme disait M. Cabrol : « Quand on commence quelque chose, bonne mère, il faut le terminer. »

J'avais peut-être été un peu dur avec William. Après tout, c'était un citadin qui ignorait les dangers du feu dans le Midi. J'aurais dû lui expliquer plutôt que de lui passer un savon. J'ai repensé à sa réplique de la veille : « Si on peut plus s'amuser... »

Ah, il voulait s'amuser…

Ah, il voulait s'amuser... Alors on allait s'amuser car une idée géniale venait de germer sous mon crâne. Je me suis emparé de ma gourde et je me suis approché de la tente aussi silencieusement qu'un Apache sur le sentier de la guerre. Bizarre, la fermeture était ouverte. Pourtant, il l'avait fermée d'un geste rageur en allant se coucher. Bah, il était probablement sorti durant la nuit pour une envie de pipi urgente et ne l'avait pas refermée de crainte de faire du bruit.

J'ai écarté lentement les pans de toile et j'ai bondi comme une lionne à l'intérieur, vidant le contenu de ma gourde et poussant des cris dignes de Tarzan. Pas de réaction... et pour cause : il n'était pas là. Pas plus de William dans la tente que de cheveux sur le crâne de M. Cabrol. Où était-il, bon sang ? Où était-il ? Et moi qui pensais lui jouer un bon tour ! Je me retrouvais comme un idiot au beau milieu de la tente déserte.

Je suis sorti en toute hâte en bêlant des « William ! William ! » capables d'alerter un ours en hibernation. Aucune réponse. J'ai recommencé mes appels. J'avais beau me briser les cordes vocales, je n'obtenais pas plus de résultats. Une sourde angoisse m'a envahi. Qu'est-ce

Où était-il ?
Et moi qui
pensais lui jouer
un bon tour !

qui lui était encore passé par la tête ? Décidément, cette randonnée était un vrai cauchemar ! Bon, pas de panique !

Bon, pas de panique !

J'ai examiné les lieux du campement et, en rentrant dans la tente, j'ai constaté que le sac à dos de William n'était plus là. Comble de malheur, il avait aussi embarqué le portable et la carte topographique. Réfléchir ! Il fallait bien réfléchir ! S'il avait pris la peine de prendre ce matériel, c'est qu'il comptait finir la randonnée tout seul. Je m'en voulais un peu de mon attitude de la veille mais il était trop tard pour se lamenter : je devais le retrouver au plus vite avant qu'il ne commette je ne sais quelle autre bêtise.

J'ai démonté la tente et bourré les affaires restantes dans mon sac que j'ai hissé sur mes épaules. Pour l'instant, il n'y avait qu'un sentier mais après. Après...

J'ai marché pendant plus de deux heures, m'arrêtant de temps à autre pour crier :

– William ! William !

– William ! William !

Mais seul l'écho me répondait. Je ne savais plus très bien quelle direction prendre. Il y a quelques minutes, j'étais passé à un croisement entre plusieurs chemins. De mémoire, j'avais opté pour celui de gauche mais sans la carte... Peut-être était-ce à droite qu'il fallait bifurquer ?

– Om ! Om ! Om ! Om !

J'ai tendu l'oreille.

– Om ! Om ! Om ! Om !

Pas de doute, la voix de William m'appelait ! D'où venait-elle ? Je n'en savais strictement rien. J'ai filé tout droit, me guidant au volume des appels. Mais il diminuait, alors j'ai repris vers la gauche. Ensuite je... Ensuite, j'ignore encore par où je suis allé. Tantôt bâbord, tantôt tri-

bord, tantôt droit devant. Mais la voix de William se rapprochait, c'était sûr. J'étais en sueur et mon cœur battait aussi vite qu'une formule 1 dans la ligne droite des stands. Cela faisait un bon moment que je courais dans tous les sens.

– TOM ! TOM !

J'y étais. J'ai débouché dans un petit cirque calcaire. William était là, assis sur le sol, pleurant des larmes chaudes comme le soleil de midi. Quand il m'a aperçu, un éclair d'espoir a brillé dans son regard :

– J'ai mal, Tom. J'ai vachement mal à la cheville !

J'ai retiré délicatement sa chaussure. Il poussait des cris de cochon qu'on égorge. Son articulation avait doublé de volume, sûrement une entorse. Exactement comme moi quand je m'étais tordu le pied lors d'un match de basket héroïque contre les CM1 dans la cour de Jean-Moulin.

– Je peux plus marcher, Tom ! Tu sais où on est, toi ?

J'ai scruté les alentours :

– Non. Pas la moindre idée. À force de tourner dans tous les sens... Mais pas de panique. Il nous suffit de téléphoner et d'attendre que les parents nous retrouvent.

William m'a regardé avec une grimace :

– Ben... C'est-à-dire que... J'ai perdu le portable...

Je me suis rué sur son sac à dos. J'ai examiné les poches latérales les unes après les autres puis je l'ai carrément retourné. J'ai dû me rendre à l'évidence : pas la moindre trace d'appareil téléphonique.

Furieux, j'ai hurlé :

– Mais enfin, qu'est-ce que t'as fabriqué ?

Un masque de douleur barrait son visage :

– Je sais plus... Je courais pour mettre le plus de distance entre toi et moi quand mon pied a dérapé à cause d'un caillou : le vol plané du siècle ! Quand je me suis aperçu de l'état de ma cheville, j'ai voulu appeler tes parents sur le portable mais il avait disparu. Dans un premier temps, j'ai cru que je l'avais perdu en tombant. J'ai eu beau inspecter les alentours, je n'ai rien trouvé. Il a dû tomber d'une poche du sac pendant ma course.

Une brusque envie de le frapper à grands coups de poing m'a saisi. La situation n'était guère brillante : William était incapable d'aligner trois pas, je n'avais aucune idée de l'endroit où nous nous trouvions, nous n'avions plus aucun moyen de communication et les vivres ne seraient pas inépuisables. Quant à retrouver le portable, autant chercher une aiguille dans une meule de foin...

Peut-être s'était-elle trompée ?

6 UN SCOOP POUR SANDRA

L'APRÈS-MIDI même, Sandra, appareil photo en bandoulière, montait le chemin qui conduit à la ferme d'Espinasse en réfléchissant à son reportage. La visite du village en compagnie de M. Cabrol, l'instituteur, ne lui avait permis de trouver aucun angle « intéressant » pour son reportage et elle se demandait bien comment aborder son sujet de manière originale. Peut-être s'était-elle trompée en s'égarant dans ce joli village provençal ? Elle s'en voulait de s'être comportée à l'inverse de ses concurrents journalistes qui s'étaient satisfaits de l'éclipse totale. Mais pourquoi était-elle donc venue s'enterrer ici ? Toujours ce besoin de faire mieux que les autres, d'être la première. Elle avait pourtant atteint une certaine notoriété dans le milieu de la télévision et auprès du public. Certes, elle n'était pas aussi célèbre qu'elle le souhaitait mais elle aurait pu se contenter de cette renommée. Cela ne lui suffisait pas et elle voulait la responsabilité du journal d'informations de 20 heures. Malheureusement, ce ne serait pas « L'éclipse de Rivesacq » qui allait la propulser au premier rang. Tant pis, elle aurait d'autres occasions pour s'affirmer. Ailleurs.

Elle voulait le 20 heures !

Elle ruminait ces pensées plutôt moroses quand elle a vu la vieille Mercedes de mes parents qui cahotait en descendant dans un nuage de poussière. Elle leur avait promis de les accompagner quand ils iraient nous récupérer.

Dans un réflexe, elle a voulu regarder l'heure mais son poignet nu lui a rappelé qu'elle avait prêté sa montre à William. La Mercedes a stoppé à sa hauteur.

Sandra a aussitôt remarqué les yeux rougis et les traits creusés de maman. Elle a demandé :

– Que s'est-il passé ? Il y a un problème ?

– On ne sait pas, a répondu papa.

– Je suis inquiète !

– Je suis terriblement inquiète, a poursuivi maman d'une voix angoissée. Depuis ce matin, les enfants ne répondent plus au téléphone. Alors nous avons décidé de nous rendre au rendez-vous plus tôt que prévu.

– Je viens avec vous, a affirmé la journaliste en sautant par-dessus la portière.

La nuit est tombée sans qu'ils s'en rendent compte. Ils attendaient depuis plus de quatre heures près de la chapelle de la

Vierge. Papa était allé aux renseignements à Tavernes, mais rien. Personne n'avait vu ni rencontré deux jeunes garçons correspondant à notre description. Alors il était revenu à la chapelle. Maman se lamentait en répétant sans cesse :

– Je n'aurais jamais dû les laisser partir. Je n'aurais jamais dû.

Sandra a pris les choses en main. Elle s'est adressée à papa :

– Bien, écoutez-moi. Vous nous ramenez à Rivesacq votre épouse et moi. Puis vous revenez ici au cas où les garçons arriveraient finalement. Nous, nous prévenons la gendarmerie de Barjols. Mais de toute façon, les recherches ne pourront pas commencer avant le lever du jour.

Le retour s'est accompli dans un silence d'enterrement. Mes parents ont laissé

– Je n’aurais jamais dû les laisser partir.

Elle tenait enfin son scoop !

Sandra chez l'épicière. Elle n'est pas rentrée chez elle mais s'est dirigée droit vers chez mon ami la Grenouille. Elle tenait enfin son scoop. Son reportage s'appellerait « Les disparus de l'éclipse ». Elle avait eu raison de venir ici. Son sixième sens de bonne journaliste ne l'avait pas trompée. Elle était convaincue qu'avec l'aide de Daniel, elle allait nous retrouver. Quelques photos et le tour serait joué. Elle regrettait de ne pas s'être munie de son camescope mais elle imaginait déjà la bande annonce du sommaire des informations de *TV Soleil* : « Sandra Géfroy, notre célèbre animatrice, vole au secours de deux jeunes garçons égarés ! »

Tout à son excitation, elle n'avait absolument pas remarqué que des pas s'étaient emboîtés dans les siens.

La lumière brillait encore chez la Grenouille. Elle a sonné. L'ampoule de l'entrée s'est allumée et la porte s'est ouverte. La Grenouille est apparu, les cheveux roux en bataille et le regard interrogateur :

– Sandra ? s'est-il étonné.

Elle est allée droit au but sans s'embarrasser de précautions inutiles :

– Tom s'est perdu avec William. J'ai besoin de toi pour le retrouver.

La Grenouille s'est mis à pleurer :

– Tom ! Mon Tom est perdu ! Je ne le verrai plus ?

– Mais si, Daniel ! On va le retrouver tous les deux, n'est-ce pas ?

Les yeux de Daniel ont brillé dans la nuit :

– Oui, oui. La Grenouille va retrouver Tom.

– Rendez-vous demain matin devant l'église au lever du jour. Tu seras prêt ?

– Tom ! Mon Tom est perdu !

– Oui, oui.

Sandra s'est éloignée de quelques pas avant de se retourner pour une dernière précaution :

– Ne parle de cette histoire à personne, Daniel. Tu m'as bien comprise ? À personne !

Elle est repartie vers chez elle. Tapi dans l'ombre, Guignard avait entendu toute leur conversation. Il est apparu devant Sandra au moment même où elle débouchait sur la place :

– Alors Sandra, il paraît que Tom a des problèmes ?

Sandra s'est arrêtée net. Ce sacré Guignard commençait à l'énerver. Quelques jours avant, il l'avait abordée dans la rue et l'avait ennuyée pour qu'elle se serve de lui dans son reportage. La veille, après la partie de pétanque, il avait remis ça. Elle

ne lui avait rien promis ni rien refusé d'ailleurs. Elle lui a demandé sèchement :

– Tu me suis ? Que veux-tu ?

Guignard a joué le tout pour le tout :

– Vous avez dit à la Grenouille de ne parler de cette histoire à personne parce que vous voulez garder le secret pour vous. Pour faire un reportage. Pas vrai ?

Sandra n'a pas desserré les mâchoires, contrariée que la Hache ait deviné ses pensées. Guignard est reparti de plus belle :

– Si vous ne me répondez pas, c'est que j'ai raison.

Il s'est tu quelques secondes avant d'annoncer la couleur :

– Je veux partir à la recherche de Tom et William avec vous. Vous ferez les photos et je vous montrerai le chemin ! Avec la Grenouille, vous n'y arriverez pas. Il est fada, bête comme ses pieds ! À nous deux, sûr qu'on les retrouvera.

Sandra a refusé :

– Il est peut-être fada comme tu dis, mais c'est avec lui que je partirai !

Elle a poussé Guignard pour qu'il s'écarte de son chemin. Elle a rajouté d'un ton impitoyable :

– Toi, tu ne viendras pas !

Dans notre endroit perdu, ce n'était pas la joie. William se lamentait sans arrêt. Il pleurait autant à cause de la douleur que de désespoir. Je n'étais guère plus brillant que lui. J'avais passé l'après-midi à pousser des reconnaissances dans de multiples directions autant pour nous situer que pour tenter de remettre la main sur le téléphone. Je ne m'éloignais pas trop, ne voulant pas laisser William seul longtemps. Je n'avais vu aucun point de repère dans le paysage et le portable était demeuré introuvable.

La nuit était tombée depuis longtemps. Au loin, nous entendions les ululements sinistres des chouettes qui s'en donnaient à cœur joie...

Depuis
la veille,
il étouffait
de rage.

FAUSSE PISTE 7

LE LENDEMAIN matin, la Hache attendait patiemment à la sortie du village, dissimulé derrière une haie d'épineux. Depuis la veille, il étouffait de rage. Sandra l'avait repoussé, lui, Guignard, et avait préféré la compagnie de la Grenouille, cet abruti qui lui avait déjà valu des ennuis il y a quelque temps. Tant pis pour elle, elle ne l'emporterait pas au paradis. Pas de Guignard dans le reportage égale pas de reportage tout court ! Il avait ruminé sa rancœur toute la nuit et, au matin, il avait conçu sa vengeance.

Son plan était simple : il ne fallait pas que Sandra retrouve les deux autres, donc il devait attirer la journaliste et la Grenouille sur une autre piste. Une piste dangereuse si possible. Et l'endroit le plus dangereux de la région, c'était le col des Oubliés. Un vrai piège à rats. Et à journaliste...

Un vrai piège à rats !

Nous, nous mangions tristement notre dernier paquet de céréales. Heureusement, nous ne manquions pas d'eau. J'avais trouvé une source tout près de notre campement de fortune.

La cheville de William présentait des reflets bleutés assez inquiétants. Mais il avait quand même beaucoup moins mal et, au réveil, il sautillait sur son pied valide. Cela m'avait donné une idée : lui fabriquer une paire de béquilles de bois. Face à moi, il y avait justement un pin sylvestre dont les branches conviendraient parfaitement.

Avec mon couteau suisse, j'ai délimité un assez gros rectangle sur le bois, autour de l'endroit où la branche sortait du tronc. Je devais creuser assez profondément pour que William puisse glisser un pavé de bois sous ses aisselles. Ce serait long, mais après tout, cela m'occuperait...

Sandra suivait la Grenouille avec peine. Il ne l'attendait pas et fonçait à travers les buissons d'épines comme un animal sauvage. Elle se forçait à s'accrocher derrière lui comme un coureur cycliste suit la roue de celui qui le précède. Il n'empruntait pas les chemins mais prenait des raccourcis qui semblaient ne mener nulle part. Pourtant une heure après leur départ, ils étaient au col des Baumes. Ils n'avaient mis qu'une heure pour faire le trajet que nous avions accompli la veille en plus de

Je devais creuser...

quatre heures. Une heure et demie de plus et ils rejoignaient le camp de notre première nuit, là où nous nous étions disputés avec William. Maman avait informé Sandra des différents endroits où nous devions passer. La Grenouille n'avait pas besoin de carte pour s'y rendre le plus rapidement possible.

À chaque arrêt, Sandra mitraillait les environs à l'aide de son appareil photo. Pendant la marche, elle avait beaucoup de mal à prendre des clichés, à cause du rythme imposé par la Grenouille.

Ce qui étonnait le plus Sandra, c'était le silence de la Grenouille. Depuis le départ, il n'avait pas prononcé trois mots. Au campement, il avait tout de suite remarqué la tentative de feu de William et le pourtour humide laissé par l'eau que j'avais projetée pour l'éteindre. Sandra avait photographié le tout presque à regret. Elle commençait à comprendre la gentillesse et le désintéressement de ce garçon pas comme les autres. Ce qu'il accomplissait sous ses yeux, il le faisait par pure amitié, pour me sauver moi, son ami, et pour rien d'autre. Tous ses efforts étaient dirigés vers ce but et aucun obstacle ne pourrait l'empêcher d'y parvenir.

Une telle pureté d'âme donnait à réfléchir à Sandra. Elle se demandait si elle serait capable de l'imiter. Serait-elle venue si il n'y avait eu l'assurance d'un bon reportage à la clé ? Pouvait-elle agir autrement qu'en journaliste ne pensant froidement qu'à son métier et à son avenir ? Que lui arrivait-il ? C'était bien la première fois qu'elle se posait ce genre de questions.

Elle se ressaisit brusquement et, reprenant ses esprits, elle suivit la Grenouille, déjà reparti de l'avant.

Il cahotait cahin-caha.

J'avais terminé mes béquilles ; enfin, celles de William. Je ne pense pas qu'elles auraient été approuvées par l'ordre des médecins, pourtant il s'en servait comme un chef. Il cahotait cahin-caha mais il avançait, c'était le principal. Nous avions décidé de monter le plus haut possible de manière à dominer la situation et avoir une vue la plus générale possible du paysage. Nous avions laissé la tente et les affaires de William sur place. J'avais embarqué tout ce que je pouvais dans mon sac à dos. Tout en marchant, pour occuper l'esprit de William, je lui ai raconté les mésaventures survenues à la Grenouille il y a quelque temps :

– Pendant une récré, Guignard lui a

lancé le ballon en pleine poire. La Grenouille a envoyé le ballon dehors et l'autre s'est mis à le traiter de fada. Fada, ça veut dire fou ici. La Grenouille a attrapé Guignard par le cou et, sans l'intervention de M. Cabrol, il l'aurait peut-être étranglé. Le père de Guignard a porté plainte, un psychiatre est venu ausculter la Grenouille et a prétendu qu'il devait être placé dans un établissement spécialisé loin de chez lui. Mais au lieu de s'y rendre bien sagement, Daniel a disparu et s'est caché dans une grotte, pas très loin de chez moi. Tout le village était à sa recherche, des battues ont été organisées. C'est moi qui l'ai retrouvé et j'ai réussi à le persuader de se rendre chez M. Cabrol. En chemin, nous sommes tombés sur Guignard et sa bande. Je me suis battu avec Guignard. Il est tombé et s'est fracassé le crâne sur une

Daniel a disparu.

pierre. La Grenouille lui a sauvé la vie en le descendant jusqu'au village sur ses épaules.

– La Grenouille a fait ça ? s'est étonné William. Alors là, ça me scie les béquilles !

J'ai souri : il avait retrouvé le goût de la plaisanterie. C'était bon signe.

Nous sommes enfin arrivés au sommet. Un paysage dégagé s'étalait sous notre promontoire. J'ai tout de suite identifié l'endroit. Juste en face de nous, à quatre cents mètres à vol d'oiseau, je reconnaissais parfaitement le col des Oubliés. Un coin dangereux chargé d'une légende à donner des frissons dans le dos. M. Cabrol nous l'avait racontée en classe. Elle remontait au Moyen Âge. Le Diable, déguisé en beau jeune homme ou en belle jeune femme, séduisait les jeunes filles ou les jeunes garçons, les emmenait avec lui jusqu'au col et les faisait descendre dans une grotte très profonde. Là, il les poussait dans un trou sans fond qui les aspirait jusqu'aux entrailles de la terre où ils se consumaient dans les feux de l'enfer.

J'apercevais en contrebas le sentier des Contrebandiers qui mène à Tavernes. Le problème, le gros problème, c'est qu'il nous était impossible de le rejoindre car nous étions au sommet d'une falaise de calcaire d'une centaine de mètres de hauteur qui plongeait à pic vers la vallée. Pas question de s'y aventurer. Mais ce n'était pas très grave. Un groupe de promeneurs finirait bien par passer sur le sentier des Contrebandiers. Il nous suffirait de les appeler.

J'ai sorti les jumelles de mon sac à dos.

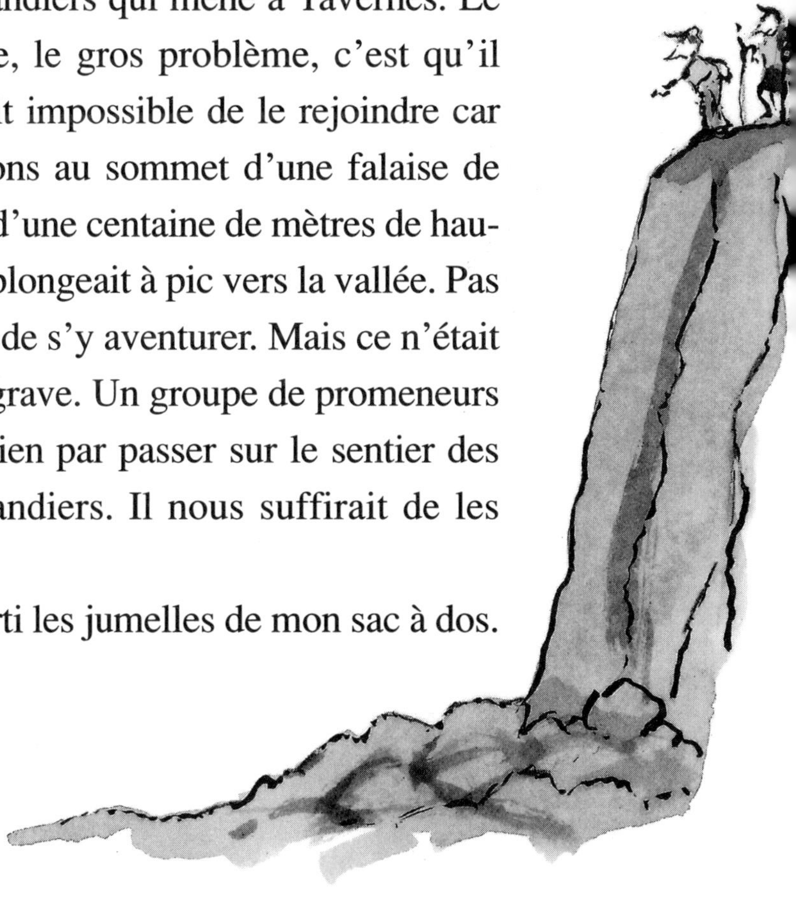

*Il a couru
au pas de
charge afin
de les doubler.*

LA CHUTE 8

GUIGNARD suivait Sandra et la Grenouille depuis le matin. Il n'avait aucune idée de l'endroit où ils se rendaient. Mais lui, savait très bien où il voulait les attirer : au col des Oubliés. Il s'est décidé à passer à l'action. Il a couru au pas de charge afin de les doubler en les contournant en un grand arc de cercle.

Quand il est parvenu au sommet, ses poumons le brûlaient. Un vent chaud s'était levé et balayait la poussière en tourbillons légers. Il s'est accordé quelques instants de récupération puis il a commencé à simuler des appels de détresse :

– Au secours ! Au secours !

Il ignorait complètement que nous nous trouvions juste en face de lui. Il se concentrait sur ses cris :

– Au secours ! Au secours !

Des photos de lui, Guignard !

Il était sûr que Sandra et la Grenouille finiraient bien par l'entendre. Ils arriveraient et Sandra prendrait les photos. Des photos de lui, Guignard ! Cette pensée le réjouissait, et il s'est mis à danser et à virevolter comme s'il chantait le refrain d'une chanson :

– Au secours ! Au secours !

Ajoutée à la fatigue accumulée durant cette dure journée dans la montagne, cette danse le grisait. Il était presque aussi saoul que la fois où il avait goûté le pastis dans la bouteille familiale. C'est à peine s'il a senti qu'il perdait l'équilibre et qu'il glissait lentement le long des roches qui descendaient vers la crevasse. La crevasse des Oubliés. Celle-là même où le Diable emmenait garçons et filles pour les plonger dans les entrailles de la terre.

Le vent se faisait de plus en plus violent. Un vent de face dont les fortes rafales me poussaient presque en arrière. Cela n'empêchait pas William de dormir. Il était complètement épuisé. J'étais toujours à l'affût, les deux yeux plantés dans les jumelles. Mais que... Là-bas ! Oui c'était bien eux ! Je les voyais distinctement à présent : la Grenouille et Sandra, qui progressaient sur le sentier des Contrebandiers. J'ai hurlé comme un fou :

Oui, c'était bien eux !

– Daniel ! Daniel ! Sandra !

William s'est réveillé et m'a rejoint. J'ai pointé mon doigt pour lui désigner nos deux sauveteurs :

– On est tirés d'affaire, William !

Regarde, la Grenouille et Sandra arrivent.

Il a joint ses cris aux miens mais, imperturbables, ils continuaient sur le chemin comme si de rien n'était. J'ai compris tout à coup : les coups de vent emportaient nos appels de l'autre côté. Il n'y avait aucune chance qu'ils nous entendent, c'était trop bête ! J'ai trépigné de rage comme un enfant de trois ans qui fait une grosse colère.

Brusquement, le sol s'est dérobé sous mes pieds et j'ai été happé par le gouffre. Je glissais sur le ventre, prenant de plus en plus de vitesse. Des blocs de roche m'accompagnaient dans ma chute. J'allais mourir... Un choc, quelque chose de dur sous mes pieds. Je me suis enfin arrêté. Ma tête tournait mais je n'avais rien, juste quelques écorchures sur les bras et les cuisses. Je devais la vie à un léger surplomb qui m'avait retenu dans ma glissade. En bas, c'était le vide. En haut, William était allongé sur le ventre et son visage angoissé m'observait comme si j'étais déjà mort :

– Tom ! Tu n'as rien, Tom ?

– Ça a l'air d'aller.

J'avais dû glisser sur une dizaine de mètres. En tout cas, une chose était sûre : mon ange gardien n'était pas le dernier de sa classe. Dans mon malheur, j'avais eu une chance inouïe ! Mais je n'étais pas tiré d'affaire pour autant : j'étais coincé comme un rat dans une souricière.

William a eu une idée de génie : il a orienté la montre de Sandra vers le soleil dont les rayons se reflétaient sur le verre, lançant de longs traits de lumière qui plongeaient vers le sentier. Je me suis rappelé qu'à Jean-Moulin, en CM1, il s'amusait sans cesse ainsi avec sa règle de plastique transparente. Il avait même récolté une énième punition pour ce petit jeu.

La Grenouille s'est arrêté au premier éclat. Il a tourné la tête vers la gauche et m'a aperçu sur la paroi. Sandra a suivi son regard. Elle a compris la gravité de ma situation en un quart de seconde. La Grenouille s'était déjà lancé à l'assaut de la falaise. Elle a admiré encore une fois son courage mais elle l'a rappelé :

– Non, Daniel ! Pas par là ! C'est trop dangereux ! Trouve-nous un passage plus facile pour parvenir au sommet. Depuis là-haut, nous hisserons Tom avec la corde que j'ai emportée.

Puis elle a crié dans ma direction :

– Tiens bon, Tom ! On vient ! On va passer par le haut !

Ils sont arrivés une bonne demi-heure

– Non Daniel !
Pas par là !
C'est trop
dangereux.

plus tard. Sandra m'a lancé sa corde. Je l'ai accrochée autour de ma taille à l'aide d'un nœud marin dont j'ai le secret et je l'ai empoignée à deux mains. Au-dessus, ils étaient trois à me tirer et je montais doucement. J'ai réussi à prendre appui sur la falaise avec mes pieds. Je grimpais plus vite mais mes jambes jouaient des castagnettes. Encore trois petits mètres, deux, un, zéro. Sauvé ! Je me suis effondré face contre terre. La Grenouille ne m'a pas laissé le temps de respirer : il s'est couché sur moi en criant joyeusement d'une voix secouée de spasmes nerveux :

– L'Amerloque ! Hi, hi, hi ! L'Amerloque !

Je l'ai serré contre moi. Sacrée Grenouille ! Puis ça a été le tour de William de m'enlacer et enfin Sandra qui m'a embrassé. J'ai senti quelque chose de dur entre nos deux poitrines. C'était son appareil photo. Alors, elle était venue pour ça ? J'ai desserré notre étreinte pour prendre un peu de recul. J'ai désigné l'appareil du doigt, d'un air plutôt mauvais :

– Alors, intéressant ?

Sandra m'a regardé, ahurie, alors j'ai précisé :

– Les photos seront bonnes ?

– Les photos ? Quelles photos ?

Et puis elle est partie d'un énorme éclat de rire :

– Je n'en ai pas pris une seule de ton sauvetage, Tom ! Ça ne m'a même pas effleuré l'esprit !

Nous avons ri tous les quatre de bon cœur.

Un monstrueux éclair a déchiré le ciel suivi presque aussitôt d'un coup de tonnerre qui a fait vibrer la falaise. La

Grenouille nous a désigné un léger surplomb dans le roc :

– À l'abri tout le monde !

Les fesses à même le sol, Sandra souriait dans notre gîte de fortune. Elle regardait les gouttes de pluie creuser des trous dans la terre comme dans un morceau de gruyère. Je l'ai remerciée :

– C'est sympa d'être venue nous chercher.

Son regard s'est assombri un instant pour mieux pétiller ensuite :

– Ouais... Je me demande si ce n'est pas à moi de vous remercier pour vous être perdus.

Je ne comprenais pas :

– Qu'est-ce que vous racontez ?

– Qu'est-ce que *tu* racontes ! Je crois qu'après ce que nous venons de vivre, tu peux me tutoyer.

– OK ! Alors, qu'est-ce que tu racontes ?

– J'ai compris beaucoup de choses aujourd'hui.

– Lesquelles ?

Elle n'a pas répondu à ma question, l'esquivant d'une plaisanterie :

– Mais c'est qu'il voudrait tout savoir celui-là ! Encore pire qu'un journaliste !

Quelques centaines de mètres en face de nous, Guignard tournait en rond comme un lion dans une cage. Il avait fait plusieurs fois le tour de la crevasse sans trouver d'issue. Au-dessus de lui, un morceau de ciel noir se découpait entre les lèvres de la bouche rocheuse qui l'avait avalé. Je me rappelle qu'il avait beaucoup ri quand M. Cabrol nous avait raconté la légende du col des Oubliés mais à présent, il redoutait de voir le Diable surgir devant lui. Il avait essayé maintes fois de s'échapper mais aucune aspérité dans la paroi ne lui avait permis de trouver un point d'appui pour ses mains ou pour ses pieds. Impuissant, il criait comme un damné des « Au secours ! À l'aide ! » qui sortaient à grand-peine de sa prison de rocaille. Tout là-haut, un éclair a zébré le ciel devenu gris. Sa peur a redoublé. Il avait toujours eu horreur de l'orage.

D'abord, ce furent des gouttes dispersées. De grosses gouttes froides qui tombaient de temps à autre à la verticale. Mais à présent l'orage battait son plein et l'eau ruisselait de toutes parts en plongeant vers Guignard qui commençait à patauger dans une dizaine de centimètres d'eau écumante. Il faisait presque noir. Il fermait les yeux à chaque éclair, comptant mentalement dans sa tête la durée qui séparait les éclats de colère du ciel par rapport aux grondements de tonnerre afin, comme nous l'avait appris M. Cabrol, de mesurer la distance à laquelle s'écrasait la foudre. En proie à la panique, il ne savait plus par combien il fallait multiplier cette distance. Par 300, 500, 600 ?

L'eau montait maintenant jusqu'à ses genoux. Il s'accrochait à la paroi pour lutter contre un courant grandissant qui voulait l'entraîner vers une sorte de puits qui s'enfonçait dans les profondeurs de la roche en un tourbillon sans cesse plus puissant. Il pensait qu'il allait mourir, que l'orage continuerait, que l'eau monterait encore et encore, qu'il serait englouti dans les entrailles de la terre comme ces jeunes filles et ces jeunes garçons de la légende. Il serait bientôt un Oublié lui aussi.

– Hi, hi, hi !
Regarde la
Hache, Tom !

LA MAIN TENDUE 9

– Hi, hi, hi ! Regarde la Hache, Tom ! Hi, hi, hi !

La Grenouille me tend la photo prise par Sandra. Je dois avouer que Guignard n'a pas l'air brillant sur le cliché. Ruisselant de la tête aux pieds, le visage maculé de boue, les traits tirés, au bord de l'épuisement.

Après l'orage, nous sommes redescendus cahin-caha, les béquilles de William obligent, sur le sentier des Contrebandiers, direction Tavernes. Tout à coup, la Grenouille s'est immobilisé. Il a tendu l'oreille tel un animal aux aguets. Puis sans hésiter, il a quitté le sentier pour foncer droit vers le col des Oubliés. J'ai crié :

– Hé, Daniel ! Où tu vas ? C'est pas par là !

Il ne s'est pas retourné, se contentant de marmonner :

– Ça crie là-bas !

J'ai perçu les appels de détresse.

William est resté sur le chemin en compagnie de ses pattes de secours tandis que Sandra et moi, nous accompagnions la Grenouille. À mi-hauteur, il a stoppé à nouveau, tous les sens en alerte. Il m'a semblé moi aussi, l'espace d'un instant, entendre des cris étouffés. La Grenouille est reparti de plus belle, courant vers le bloc rocheux du col des Oubliés. Nous avons débouché sur le haut de la falaise où j'ai nettement perçu les appels de détresse. La Grenouille a encore avancé prudemment de quelques pas puis il s'est couché à plat ventre sur le sol. Nous l'avons imité pour découvrir une brèche qui s'enfonçait sur une dizaine de mètres à la verticale dans la roche. C'est d'en bas que venaient les cris. Et cette petite voix fluette qui se lamentait, je ne la connaissais que trop bien : c'était celle de Guignard. Je me suis redressé pour parler à la Grenouille mais il n'était déjà plus là.

– Regarde, Tom ! m'a ordonné Sandra tout en armant son appareil photo.

En contrebas, une main en avait rencontré une autre. C'était tout ce que j'avais vu.

– Ma plus belle photo !

– Ma plus belle photo ! déclare Sandra.

Elle a raison. Je ne me lasse pas d'admirer ce cliché : la main de la Grenouille tendue vers celle de Guignard, son ennemi de toujours.

Quant à savoir comment la Grenouille s'y est pris pour descendre dans la crevasse, je l'ignore complètement. Il n'y a que lui pour connaître de tels secrets. Lui et peut-être le Diable aussi.

– Je vous les laisse ! dit Sandra. Je vous laisse toutes les photos.

Je n'en reviens pas :

– Tu ne vas pas les utiliser pour ton reportage ?

Elle n'a pas une seconde d'hésitation :

– Non.

Elle laisse échapper un léger soupir avant de se lancer dans les confidences. La Grenouille, William et moi, nous l'écoutons dans un silence de cimetière :

– Vous savez, en venant à Rivesacq, j'avais l'intuition que j'allais frapper un grand coup, que j'allais décrocher le scoop de l'année. Je le sentais, j'ai toujours eu le flair pour ce genre de choses. Une sorte de sixième sens en quelque sorte. Ce scoop, je l'ai. Il est là, gravé sur la pellicule, n'attendant que la parution.

Je jette un regard sur les dizaines de photos étalées sur la table de la cuisine. Nous sommes chez Sandra, au-dessus de l'épicerie de Barbichette. Elle poursuit :

– N'importe quel hebdomadaire à sensations publierait mon reportage mais je ne le veux pas. Je ne le veux plus.

– Mais pourquoi ? s'étrangle William.

– Parce que j'ai découvert autre chose. Ou plutôt parce que Daniel m'a fait découvrir autre chose : la bonté, le désintéressement et surtout l'amitié. Publier ces photos, ce serait comme fermer les yeux sur ce que j'ai appris ici, ce serait l'oublier.

Elle s'interrompt un instant, ébouriffant de sa main la tignasse rousse de la Grenouille.

– Et puis, il n'y a pas que Daniel qui m'ait éclairée. Guignard aussi.

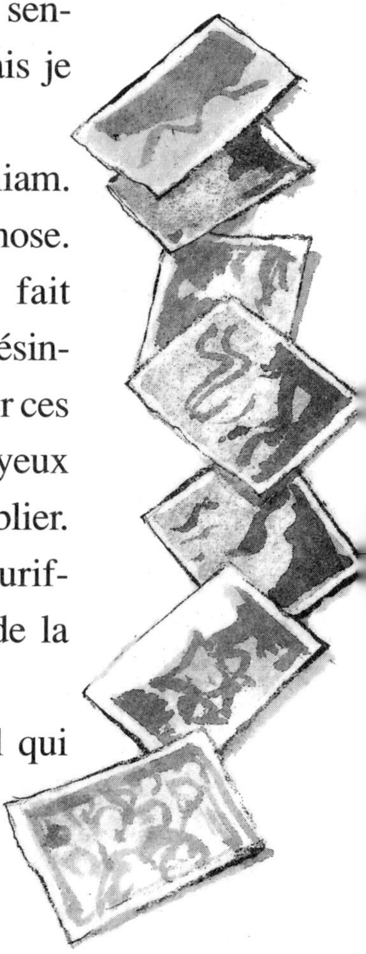

Je m'étonne :

– La Hache ?

– Oui, la Hache. On peut lui reprocher certaines choses évidemment mais s'il a failli mourir, c'est un peu à cause de moi ou plutôt à cause de mon métier. Il voulait tellement figurer dans mon reportage qu'il était prêt à presque tout. La télé rend fou ! Si je ne l'avais pas si sévèrement rabroué, si j'avais accepté qu'il m'accompagne à votre recherche...

Ses derniers mots restent suspendus dans l'air. Elle termine :

– Voilà pourquoi je préfère que vous gardiez les photos et que vous vous souveniez de moi non pas comme une super journaliste mais comme une amie qui a juste participé au sauvetage de trois jeunes garçons.

Je comprends ce qu'elle veut nous dire. Je lui affirme :

– D’accord, Sandra. Nous les gardons. On va même les coller dans un album. Tu pourras venir le regarder quand tu voudras.

– C’est gentil, Tom ! Très gentil. Je n’y manquerai pas. Promis, juré, craché !

Deux gigantesques coups de klaxon retentissent dans la rue. Sandra regarde par la fenêtre.

– Voilà l’équipe de tournage qui arrive ! nous annonce-t-elle d’une voix redevenue tout à fait professionnelle.

Nous dévalons les escaliers quatre à quatre pour nous retrouver devant deux immenses camions d’une blancheur étincelante, les flancs ornés du fameux sigle *TV Soleil* écrit en lettres jaune d’or se découpant dans un rectangle de ciel bleu azur.

Les choses sérieuses vont commencer.

– L'éclipse ne nous attendra pas !

ÉCLIPSE SUR PLEIN ÉCRAN 10

– DÉPÊCHE-TOI, p'pa ! On va encore être en retard !

– J'arrive, Tom ! J'arrive !

William, maman et moi, nous l'attendons dans la voiture depuis plus de dix minutes. Je me demande ce qu'il peut bien fabriquer ! La Mercedes ronronne déjà, c'est toujours ça de pris. Aussi incroyable que cela paraisse, elle a même démarré sans se faire prier, sans qu'on ait besoin de la pousser. Je hurle à nouveau :

– L'éclipse ne nous attendra pas ! Si tu crois que...

Papa pointe enfin le bout de son nez et s'installe au volant de son bolide préféré.

La vieille décapotable accomplit péniblement quelques centaines de mètres sur le chemin avant d'émettre un éléphantesque « burp » qui la fait caler au bord du fossé. C'est fini pour aujourd'hui, je le sais, elle ne voudra plus avancer avant un bon moment. Je saute par-dessus la portière, invitant William à m'imiter :

– On ira plus vite à pied !

– Allez viens ! On ira plus vite à pied !

Cinq minutes de course effrénée – William est à peu près remis à présent – et, en sueur, nous débouchons sur la place du village. La foule des grands jours y est rassemblée. Pour l'occasion, le maire s'est fendu de sa ceinture tricolore et, à ses côtés, les adjoints bombent le torse et avancent le menton, pas peu fiers d'être fixés par l'œil de plusieurs caméras. Bonne mère, ce n'est pas souvent que la télévision débarque à Rivesacq avec armes et bagages !

Les cameramen sont à leur poste, Sandra prête à circuler dans la foule, son micro à la main, suivie par un géant portant une caméra mobile. Avant-hier, elle m'a confié :

Un véritable carnaval !

– Tu sais, Tom, j'ai compris que ce n'est pas l'éclipse qui était importante mais plutôt la manière dont les gens la ressentiront. Je vais m'intéresser au côté humain du phénomène. Une sorte de reportage de l'intérieur.

J'avoue n'avoir pas tout compris.

Le plus drôle, c'est que tout cet attroupement s'est protégé les yeux avec des lunettes filtrantes diverses et variées. Il y en a des grosses, des larges, des fines, des rouges, des vertes... Un véritable carnaval ! Je sors les miennes de ma poche. Inutile de se laisser griller la rétine. M. Cabrol monte sur l'estrade et commence son show :

– La Lune tourne en 28 jours environ, autour de la Terre qui, elle-même, tourne autour du Soleil en 365 jours et 6 heures. La Lune se trouve alors régulièrement entre le Soleil et la Terre, à chaque nouvelle lune. C'est dans ce cas de figure Soleil-Lune-Terre que peut se produire une éclipse lorsque, en plein jour, la Lune vient masquer la lumière solaire...

Il s'interrompt car, au même instant, un léger voile vient ternir la couronne du Soleil.

– C'est parti, bonne mère ! s'écrie-t-il en pointant son doigt vers les cieux.

Tous les visages se lèvent en même temps, un murmure parcourt l'assemblée. Quelle joyeuse bande de têtes en l'air ! Le croissant noir s'agrandit peu à peu. Le spectacle est superbe mais je n'ai pas vraiment le temps de m'y attarder car je

Quelle joyeuse bande de têtes en l'air !

vois la Grenouille qui s'enfuit soudainement de la place. Que se passe-t-il, bon sang ? Il sème ses lunettes sur la route, il a l'air terrorisé. Quelle mouche l'a donc piqué ? Je prends sa foulée. Il rentre chez lui et tente de refermer la porte mais mon pied l'en empêche :

La nuit mange le soleil !

– Qu'est-ce qu'il y a, Daniel ?

Ses yeux lancent des éclairs de panique :

– Le soleil, Tom ! La nuit mange le soleil !

Ouf ! Ce n'est que ça ! Il a tout bêtement peur de l'éclipse. Il faut dire que pour lui, ce phénomène astronomique n'est guère aisé à comprendre. Je renonce d'ailleurs à lui expliquer, me contentant de lui assurer :

– T'en fais pas ! C'est tout à fait naturel ! C'est à cause de la lune.

– La lune c'est la nuit ! m'assure-t-il d'un ton où perce encore l'angoisse.

– Le soleil va revenir, Daniel ! C'est sûr. Dans quelques minutes...

– Tu me le promets, l'Amerloque ? Tu me le promets ?

– Je te le jure, Daniel !

Mes paroles ont l'air de l'apaiser. Je continue :

– Il n'y a aucun risque. Viens, on va rechercher tes lunettes pour regarder.

Il a déjà oublié sa peur.

Il me suit et nous revenons vers la place. Au retour, je ramasse ses bésicles filtrantes et je les lui tends. Il les pose sur son nez avec un sourire dont il a le secret :

– Elles sont belles, hein ?

– Magnifiques, Daniel ! Elles sont magnifiques !

Il a déjà complètement oublié sa peur, tout à sa fierté de posséder un tel trésor. En arrivant, je distingue immédiatement Guignard, au dernier rang du cercle qui s'est formé. Il doit nous guetter car il a ôté ses lunettes protectrices. Son regard luit d'une étincelle qui ne me dit rien qui vaille. Il m'invite d'un geste :

– Tom ! Tom !

Méfiant, je m'approche de lui :

– Qu'est-ce que tu veux, la Hache ?

Il met son doigt devant sa bouche pour m'intimer le silence. Sandra, son cameraman de compagnie et William nous rejoignent. Guignard s'explique :

– J'ai une surprise pour vous. Pour me faire pardonner.

Une surprise ? Tiens, tiens. J'espère que ce ne sera pas une mauvaise surprise. Il sort une enveloppe froissée de sa poche et me la tend. Je l'ouvre et j'en extrais deux billets de TGV Barjols-Paris, aller et retour. Je bredouille :

– Mais qu'est-ce que... ?

C'est Sandra qui répond :

– Une chose est indispensable pour pouvoir visiter les studios de *TV Soleil* : se rendre à Paris !

Guignard précise :

– Les billets, c'est pas moi qui les ai payés. C'est Sandra. Moi, je suis là pour vous les offrir. Mais je viens aussi avec vous. J'aurais pas voulu manquer ça !

J'avale ma salive avant de montrer les billets à la Grenouille :

– T'entends, Daniel ! On va aller à Paris ! Visiter la télé !

Alors, fixant Sandra droit dans les yeux, il lance la dernière phrase à laquelle je m'attends :

– Intéressant ça ! Très intéressant !

Table des matières

Gilles Fresse

est né dans une petite ville des Vosges en 1960.
À seize ans, il quitte ses forêts natales pour l'internat d'un lycée de Nancy, où il compose ses premiers poèmes.

Devenu instituteur, il commence des tonnes de romans sans jamais écrire le deuxième chapitre, puis prend en charge un atelier de théâtre pour enfants. Sur une vieille machine à écrire, il imagine alors une pièce du début... à la fin.
La vieille machine poussiéreuse devait être infestée de microbes car il est *illico* contaminé par le virus de l'écriture.
Aujourd'hui, marié et père de deux enfants, il vit dans un village lorrain riche d'histoire et d'histoires...
Sa seule et unique ambition, donner du plaisir à ses lecteurs afin de pouvoir rassurer les parents de ses élèves :
« Mais si, ma bonne dame, nos enfants prennent encore plaisir à lire ! »

Du même auteur :

Aux Éditions Nathan :
Sale temps pour les grenouilles (Pleine Lune, 1997)

Chez d'autres éditeurs :
Une potion magique pour la maîtresse
(collection Cascade 7-9, Rageot, 1995)
Prix Benjamin de la ville de Saint-Benoît 1996.
Prix littéraire des enfants de Montmorillon 1996.
Attention petit monstre (collection Cascade 7-9, Rageot, 1995)
L'Oreille du loup (collection Casterman 8 et plus, Casterman, 1996)
L'Inspecteur Catastrophe (collection Cascade 7-9, Rageot, 1996)

Jean-Louis Besson

Influences
La famille Fenouillard, Rembrandt,
Benjamin Rabier, Edward Hopper.

Amour
Les voyages. Rester à la maison.
Retrouver sa couette le soir avec un livre.

Haines
Les glaïeuls. Le miel. Le blanc de poulet.
Les intégristes.

Parcours
Né à Belleville (Paris) de parents
pauvres mais honnêtes. Bonnes études primaires.
Études secondaires moins bonnes.
A travaillé longtemps dans la publicité.

Envies
Vivre pendant un mois dans la suite la plus chère,
au dernier étage du meilleur hôtel de New York.

DÈS 9 ANS

5. *Gaël et Réséda*
Dominique Buisset
16. *Les malheurs de Sophie*
Comtesse de Ségur
25. *Le 397e éléphant blanc*
René Guillot
33. *Les nougats* • Claude Gutman
34. *Le dragon déglingué*
Jean-Loup Craipeau
50. *L'inventeur* • René Escudié
56. *À l'abordage, Mamadou Courage !*
Jean-Loup Craipeau
63. *Augustin et Amandine*
Geneviève Le Moal
66. *Le club des secrets*
Elsa Devernois
69. *Sale temps pour les grenouilles !*
Gilles Fresse
81. *Gillou et les oscars* • Yak Rivais
85. *L'homme au chapeau*
Sarah Cohen-Scali
96. *Les petites filles modèles*
Comtesse de Ségur
100. *Les Disparus de l'Éclipse*
Gilles Fresse

DÈS 10-11 ANS

6. *Cabot-Caboche* • Daniel Pennac
7. *L'œil du loup* • Daniel Pennac
8. *Opération Marcellin* • Claire Mazard
12. *Croc-Blanc* • Jack London
13. *Vingt mille lieues sous les mers*
Jules Verne
15. *Le fil à retordre* • Claude Bourgeyx
18. *Kerri et Mégane :*
Les Mange-Forêts • Kim Aldany
26. *Sur la piste du loup*
Daniel Meynard
27. *Gazoline et Grenadine*
Jean-Loup Craipeau
35. *Le renard de Morlange*
Alain Surget
37. *La rédac* • Évelyne Reberg
41. *Pinocchio* • Carlo Collodi
44. *Le redoublant* • Claire Mazard
47. *Le secret de la falaise*
Yves Pinguilly
48. *Racamiel et Rigobert*
François Sautereau
49. *La ballade d'Aïcha* • Robert
Boudet
53. *Kerri et Mégane : Les Transmiroirs*
Kim Aldany
57. *Prisonniers des sables*
Yves-Marie Clément
58. *Pour l'amour de la Marie-Étoile*
Sylvie Queyron
59. *Un alligator pour la vie*
François Zabaleta
64. *Mes chers voisins*
Gérard Moncomble
65. *Le puma aux yeux d'émeraude*
Yves-Marie Clément
73. *Sous une bonne étoile*
Daniel Meynard
75. *Dur, dur d'être top model !*
Michel Amelin
76. *Kerri et Mégane : Brocantic-Trafic*
Kim Aldany
80. *Les sept scarabées*
Gérard Moncomble
82. *Kerri et Mégane : La ruche de glace*
Kim Aldany
83. *À la vie, à la...* • Marie-Sabine Roger
84. *Grosses têtes et petits pieds*
Claude Bourgeyx
86. *Le sourire d'Anaïs*
Nadine Brun-Cosme
90. *L'enfant volé* • François David
92. *Un bon petit diable*
Comtesse de Ségur

93. *Kerri et Mégane : Le Donjon de Malmort*
Kim Aldany
95. *Le livre de la Jungle*
Rudyard Kipling
98. *On a un monstre dans la classe*
Gudule

DÈS 12-13 ANS

14. *La guerre du feu*
J.-H. Rosny aîné
30. *Dans les forêts de la nuit*
Nadèjda Garrel
32. *Jalouve* • Éric Sanvoisin
40. *Le secret de la pierre noire*
Patrick Grainville
42. *Aïna, fille des étoiles*
Christian Grenier
46. *La chanson de Hannah*
Jean-Paul Nozière
60. *Aïna et le secret des Oglonis*
Christian Grenier
67. *Le secret du verre bleu*
Tomiko Inui
68. *Les Ouraniens de Brume*
Joëlle Wintrebert
71. *Aïna et le pirate de la comète*
Christian Grenier
74. *Pique et pique école et drame*
Jo Hoestlandt
77. *L'incroyable retour*
Évelyne Brisou-Pellen
78. *Aïna : Kaha, Supermaki !*
Christian Grenier
79. *L'orpheline de Mars*
François Sautereau
87. *Aïna et l'arbre-monde.*
Christian Grenier
88. *Le Faucon déniché*
Jean-Côme Noguès
89. *Mémé, t'as du courrier !*
Jo Hoestlandt
91. *L'appel de la forêt*
Jack London
94. *Sauve-toi, sauve-nous !*
Marie-Sabine Roger
97. *Aïna : Faut-il brûler Jeanne ?*
Christian Grenier
99. *Les Tartines au Ketcheupe*
Marie-Sabine Roger
101. *Le Tour du Monde en 80 Iours*
Jules Verne

POLICIER :
DÈS 9 ANS

12. *Trois aventures de l'ogre-doux*
Jean-Loup Craipeau

DÈS 10-11 ANS

5. *Un chien dans un jeu de quilles*
Thierry Lenain
8. *Gare au carnage, Amédée Petipotage !*
Jean-Loup Craipeau
9. *Le jour de tous les mensonges*
Hubert Ben Kemoun
16. *Mort subite au stade*
Jacques Lindecker
19. *La route du danger* • Roderic Jeffries
20. *Les horloges de la nuit*
Roderic Jeffries
25. *Biglard et Gramulot chez les fourmis roses* • Gilles Barraqué
29. *Contes du cimetière au soleil couchant* • Yak Rivais
31. *Biglard et Gramulot : La nuit des grandes oreilles*
Gilles Barraqué

DÈS 12-13 ANS

2. *Le dernier jour* • Hubert Ben Kemoun
4. *Lapoigne et l'ogre du métro*
Thierry Jonquet
10. *Train d'enfer* • Michel Amelin
21. *Le jour du meurtre*
Hubert Ben Kemoun
22. *Lapoigne à la chasse aux fantômes*
Thierry Jonquet
23. *Lapoigne à la foire du Trône*
Thierry Jonquet
24. *Lapoigne et la fiole mystérieuse*
Thierry Jonquet
27. *Le jour des saigneurs*
Hubert Ben Kemoun

FANTASTIQUE :
DÈS 9 ANS

1. *Contes du cimetière après la pluie*
Yak Rivais
3. *Au secours, je suis invisible !*
Gudule
11. *L'école qui n'existait pas* • Gudule
26. *La boutique maléfique* • Gudule
17. *L'étrange Madame Mizu*
Thierry Lenain

DÈS 10-11 ANS

7. *Magie noire au collège*
Christine Aubrée
13. *Chlaganoir*
Évelyne Reberg et Guy Jimenes
15. *Destination cauchemar !*
Gudule
14. *Contes du cimetière sous l'arc-en-ciel*
Yak Rivais
18. *Le manège de l'oubli* • Gudule
28. *La poupée aux yeux vivants*
Gudule

DÈS 12-13 ANS

6. *La montre infernale*
François Sautereau
30. *Singes d'hommes*
Hervé Jaouen
32. *Les démons de Mamyvone*
Jean-Marc Ligny
33. *C'est la jungle !*
Hubert Ben Kemoun

Découvre aussi dans Planète Lune,

Contes et Légendes, la collection de la mémoire du monde :
contes et légendes des régions, de l'histoire du monde et des civilisations,
et contes et récits de l'aventure des hommes et de leurs exploits
techniques et scientifiques.

Pour les 7-9 ans, les premiers vrais romans de « Demi-Lune ».
Pour les 5-7 ans, les histoires de « Première Lune ».
Pour les 3-5 ans, les histoires d' « Étoile Filante »..

N° d'éditeur
Dépôt légal Fevrier 2000
Loi n° 49 956 du 16 juillet 1949
sur les publications destinées à la Jeunesse
ISBN 2.09 282327-2

1998-1999
FLYING AC